BOCK AUF LEBEN!

BOCK AUF LEBEN!

JÜRGEN BOCK

Bibliografische Informationen der Deutschen
Nationalbibliothek
Die Deutsche Nationalbibliothek verzeichnet diese
Publikation in der Deutschen Nationalbibliothek;
detaillierte bibliographische Daten sind im Internet
über http://dnb.d-nb.de abrufbar.

ISBN 978-3-8391-9475-1

Herstellung und Verlag: Books on Demand GmbH,
Norderstedt
Umschlaggestaltung: Jürgen Bock/
Mithra Daryabegi

INHALT

VORWORT

In diesem Buch habe ich meine Antworten auf Fragen des Lebens zusammengestellt. Ich würde mich freuen, wenn Sie daraus Einsichten gewinnen, die Sie weiterbringen. Wie viele, strebe auch ich nach Glück und Zufriedenheit und nach einem erfüllten Leben. Ich habe meine Erfahrungen gemacht, wie viel Überwindung es kostet, einen Zustand zu erreichen, den ich als glücklich bezeichnen würde. Es gibt sicher kein Patentrezept, aber es gibt Erkenntnisse aus der Wissenschaft, aus der Philosophie, Psychologie, Religion, und Erfahrungen, die jeder von uns jeden Tag macht. Interessanterweise stimmen viele dieser Erkenntnisse überein, gleichgültig aus welcher Quelle sie stammen.

Ich bin überzeugt davon, dass ich nur einen Teil meines Potenzials lebe und ich daher

Zeit meines Lebens ein übender Meister bleiben werde: Ich kann schon vieles, aber ich könnte noch viel mehr.

Ich erfahre Tag für Tag meine Begrenzungen, meine Ängste und meine alten Muster.

Gemeint ist damit jenes Verhalten, das ich mir auf meinem Weg angeeignet habe und welches schrittweise zu einer festen Gewohnheit geworden ist.

Auch wenn ich nur ein gewöhnlicher Mensch bin, so habe ich bei der Überwindung meiner eigenen Grenzen stets Fortschritte gemacht.

Noch vor 20 Jahren war ich Jurist, habe funktioniert, fremde Erwartungen erfüllt, immer darauf bedacht, alles richtig zu machen. Dabei habe ich stets nur fremden Interessen gedient.

Ich ging das Leben von außen an, statt es von innen her zu betrachten.

Kein Wunder also, dass ich irgendwann die Quittung bekam. Ich habe Rückschläge und Krisen hinnehmen müssen.

Doch an diesen Herausforderungen bin ich gewachsen. Tatsächlich sind die persönlichen Krisen, die uns das Leben schickt, die besten Gelegenheiten, individuelles Wachstum und innere Wandlung zu erleben.

Ich habe mich bemüht, Verantwortung für das zu übernehmen, was ich erlebte, und in diesem Entwicklungsprozess immer wieder über mich selbst hinauszuwachsen.

Buddha soll einmal gesagt haben:

„Du bist nicht auf der Erde, um unglücklich zu werden. Glück ist allein der innere Friede. Lerne ihn finden, du kannst es. Überwinde dich selbst und du wirst die Welt überwinden."

Und so habe ich mir vorgenommen, bis an mein Lebensende nach den nachfolgend beschriebenen Prinzipien zu leben und zu wachsen.

Ob ich dabei erfolgreich sein werde, hängt ganz wesentlich von meiner Einstellung ab.

Ich bin überzeugt davon, dass mein Leben nur zu einem kleinen Teil daraus besteht, was mir widerfährt, aber ganz entscheidend dadurch geprägt ist, was ich aus dem, was mir passiert, mache.

Jeden Tag kann ich neu entscheiden, mit welchen Gedanken ich an meine Herausforderungen und Aufgaben herangehe, aus welcher Perspektive ich mein Leben betrachte.

Mithilfe guter Lehrer habe ich meine Philosophie entwickelt, die mich zu einem erfüllten Leben führen wird, wenn ich bereit bin, sie ernsthaft umzusetzen.

ICH ÜBERNEHME VERANTWORTUNG FÜR MEIN LEBEN UND ERLEBEN

„Das Wetter ist schön, am liebsten würde ich mir heute einen Tag freinehmen und an den Strand fahren, aber leider muss ich noch ein Projekt vorbereiten."

Ähnliche Situationen gibt es häufiger, in denen ich sage: „Am liebsten würde ich, aber leider muss ich ..." Diese Haltung ist eine Verleugnung meiner Eigenverantwortlichkeit.

Vielmehr ist es allein meine Entscheidung, ob ich mich für die Erledigung meiner beruflichen Aufgabe entscheide oder mir einen freien Tag nehme. Der Psychologe Jens Corssen hat es treffend formuliert: „Da, wo ich bin, will ich sein! Alles andere wäre mir in meiner Vorstellung zu aufwendig!"

Jede Entscheidung hat Konsequenzen: Entscheide ich mich für die Arbeit, leidet meine Freude, die ich hätte, wenn ich einen unbeschwerten Tag am Strand verleben würde. Entscheide ich mich für den Strand, hätte ich ein schlechtes Gewissen, nicht genügend auf meine beruflichen Aufgaben vorbereitet zu sein. Ich wäge ab zwischen den unterschiedlichen Konsequenzen und treffe eine Entscheidung für die eine Alternative und gegen die andere. Es ist stets meine Entscheidung.

Wenn ich das erkenne, dann übernehme ich Verantwortung.

„Da, wo ich bin, will ich sein!" gilt aber auch für meine gesamte Lebenssituation.

Ich hatte einmal den Traum, Profimusiker zu werden, aber ich habe zu wenig auf meinem Instrument geübt. Also bin ich es nicht geworden. Es war meine Entscheidung für die Bequemlichkeit und gegen das disziplinierte Üben.

Ein anderer Wunsch von mir war, Eigentümer und Betreiber eines Seminarhotels zu werden, um dort meine Ideen zu verwirklichen. Aber ich war andererseits nicht bereit, mein Geld in dieses unsichere Geschäft zu investieren und schlaflose Nächte voller Sorgen hinzunehmen. Immer in der Ungewissheit, wie ich bei ausbleibenden Buchungen die Gehälter meiner Mitarbeiter zahlen soll. Und so bin ich genau dort, wo ich heute sein will: Ich bin angestellter Manager in einem internationalen Konzern.

Alle meine vorausgegangenen Entscheidungen haben mich genau an diese Stelle geführt. Daher ist es meine Verantwortung.

Wenn ich etwas tue oder nicht tue, dann vergleiche ich gewissermaßen Preise. Was kostet es mich, meinen Job zu kündigen und mich selbstständig zu machen?

Was kostet es mich, „Nein" zu sagen? Ich vergleiche den Aufwand und die Konsequenzen und komme zu einem Ergebnis – und dieses Ergebnis führt zu meinem Handeln.

Diese aktive Rolle ist uns oft nicht bewusst, und so erleben sich manche Menschen nicht als Gestalter, sondern als Opfer ihrer Umstände. Und dann kommen Aussagen wie „Warum gerade ich?!" oder „Ich muss ..., aber eigentlich möchte ich etwas ganz anderes."

Wenn ich ehrlich zu mir bin, dann erkenne ich, dass ich mir die Situation ausgesucht habe, in der ich mich befinde. Nur dann, wenn ich dies anerkenne, kann ich diese

Situation auch durch eine Neuentscheidung verändern. Das ist Entscheidungs- und Handlungsfreiheit!

Wenn ich in einer „Krise" bin oder ein „Problem" habe, ist auch diese Sichtweise meine Entscheidung. Und es ist meine Verantwortung, was ich daraus mache. Wenn ich die Verantwortung für mein Erleben, für meine Gedanken und meine Gefühle auf andere übertrage („Du bist Schuld, dass ich traurig, wütend und enttäuscht bin!"), dann begebe ich mich in eine Situation der Abhängigkeit und Machtlosigkeit. Ich fühle mich als Opfer meiner Umstände. Aber Opfer zu sein, heißt auch, der Situation ausgeliefert zu sein. Das ist keine attraktive Perspektive.

Erkenne ich stattdessen, dass der andere ein freier Mensch ist, der denken, fühlen und sagen kann, was er will und es meine

Gedanken und Gefühle sind, die mein Erleben und Verhalten bestimmen, dann werde ich vom Opfer zum Macher. Ich entscheide dann, mit welcher Einstellung ich dieser für mich ungünstigen Situation begegnen will und nehme mein Leben in die Hand.

Deshalb gilt für mich: Was ich aus meinem Leben mache, ist einzig und allein meine Sache – wie ein Maler, der das Bild seiner Wahl malt. Ich allein bin verantwortlich für die Bausteine meiner Welt: meine Gedanken, Gefühle und Handlungen. Ich allein bin der, der mich befreien kann.

Ich habe die Fähigkeit, jeden Tag bewusst eine neue Wahl zu treffen. Und, wenn mir etwas zustößt, frage ich nicht, „Warum gerade ich?", sondern „Wozu ist das gut?" und „Was kann ich daraus lernen?"

Ich bin nicht das Opfer, sondern der Regisseur meines eigenen Lebens.

ICH SORGE DAFÜR, DASS ICH AUF EINEM GEBIET ARBEITE, DAS MEINER BESONDEREN BEGABUNG ENTSPRICHT

Glücksgefühle entstehen vor allem durch hingebungsvolles Arbeiten. Dies haben amerikanische Wissenschaftler herausgefunden. Durch konzentrierte Aktivität wird das körpereigene Hormon Serotonin mobilisiert, das wiederum Glücksgefühle hervorruft, während Unterforderung eher unglücklich macht.

Voraussetzung hierfür ist jedoch, dass die Aktivität meiner Begabung entspricht.

Doch oft machen wir uns gar nicht die Mühe, unsere besonderen Talente zu entdecken, oder wir unterschätzen unsere Begabungen. Es ist jedoch meine Aufgabe herauszufinden, worin meine besonderen Stärken liegen.

Dies geschieht durch Experimentieren und das Ausprobieren neuer Anforderungen.

Ich frage mich: „Was von dem, was ich tue, fällt mir leicht?"

Habe ich erforscht, worin meine Stärken bestehen und wo meine Schwächen liegen, so konzentriere ich mich in Zukunft nur noch auf meine Stärken. Ich kann nicht alles, deshalb ist es besser, in erster Linie das zu tun, was ich besonders gut kann, und das mit Herz und Seele. Dabei werde ich viel Freude erfahren und ganz ich selbst sein, denn meine Stärke ist das, was mich von anderen unterscheidet.

Trotz großer Anstrengungen würde ich andernfalls meine schwach ausgebildeten Fähigkeiten maximal auf ein mittleres Niveau heben, während gleichzeitig meine zwangsläufig vernachlässigten Stärken an Kraft verlieren. Dies bedeutet Mittelmaß.

Der amerikanische Schriftsteller Og Mandino hat die menschlichen Talente mit dem Weizen verglichen: „Weizen kann in dreifacher Weise verwendet werden: Man kann ihn in Säcken in der Scheune aufbewahren, um ihn an die Schweine zu verfüttern.

Man kann ihn zu Mehl machen, um daraus Brot zu backen, und man kann ihn schließlich sähen, um daraus ein Vielfaches an Korn wachsen zu lassen.

Ich bin wie der Weizen, nur mit dem Unterschied: Im Gegensatz zum Weizen kann ich selbst bestimmen, was mit mir passiert. Ob ich meine Talente vergeude oder ob ich sie vervielfache."

Deshalb ist es meine Aufgabe, dafür zu sorgen, meine Stärken zu nutzen.

Zum Wohle meiner selbst und zum Wohle meiner Mitmenschen.

Denn jede Gabe ist eine Aufgabe.

ICH HALTE MICH GESUND UND FIT

„Gesundheit ist nicht alles, aber ohne Gesundheit ist alles nichts." (Arthur Schopenhauer).

„Wie sehr unser Glück von der Heiterkeit der Stimmung und diese wiederum vom Gesundheitszustand abhängt, zeigt der Vergleich des Eindrucks, den die Verhältnisse oder Vorfälle an gesunden Tagen auf uns machen, mit dem Eindruck, den sie hervorbringen, wenn Krankheit uns unzufrieden und ängstlich stimmt." (Arthur Schopenhauer)

Und so kommt Schopenhauer zu der Erkenntnis: „Ein gesunder Bettler ist glücklicher als ein kranker König."

„Mit meiner Geburt habe ich einen Körper geschenkt bekommen für eine Reise durch das Leben."

„Ich kann ihn mögen oder ablehnen. Ich kann ihn pflegen oder ruinieren. Es ist meine Wahl. Auf jeden Fall ist er mein auf Lebenszeit."

So hat ein unbekannter Verfasser die Ausgangslage treffend in Worte gefasst.

Bei meiner Geburt befindet sich der Fitnesszustand meines Körpers in aller Regel auf seinem Optimum. Durch falsche Ernährung und mangelnde Bewegung sinkt der Grad der Fitness – zunächst unmerklich – ab. Erst bei einem besonders niedrigen Fitnessniveau oder bei zunehmendem Alter wird dies auch körperlich spürbar und drückt sich durch Unwohlsein oder gar durch Krankheiten aus.

Dabei stehe ich häufig mit dem, was ich will, und dem was ich tue, in Widerspruch.

Ich wünsche mir Gesundheit und ein langes Leben – und tue Dinge, die die Erfüllung dieses Wunsches immer unwahrscheinlicher werden lassen.

Zum Beispiel die Ernährung. Wir wissen alle, dass Fett, Zucker und Alkohol nicht gesund sind, und konsumieren sie trotzdem.

Schon die alten Ägypter haben erkannt: „Von einem Drittel dessen, was der Mensch isst, lebt er selbst, von den übrigen zwei Dritteln leben die Ärzte."

Ich habe daher angefangen, bewusst zu essen. Ich schaue genauer hin, was ich esse, und bin bereit, die Konsequenzen dafür zu tragen.

Was die Umstände anbelangt, die die Gesundheit beeinflussen, so leben wir alle unseren Alltag nach einem uns selbst kaum bewussten Programm, das sich aus individuellen Anlagen und Neigungen sowie aus zahllosen Gelegenheiten, Wünschen und Zwängen zusammensetzt. Deshalb ist es wichtig, zunächst mein eigenes Programm zu analysieren.

Was sind zum Beispiel meine Lebens- und Ernährungsgewohnheiten?

Welche Auswirkungen haben diese auf meine Gesundheit?

Nachdem mir bewusst geworden ist, welche Auswirkungen mein derzeitiges „Programm" auf meine Gesundheit hat, entscheide ich, ob ich so weitermache oder ob ich dieses Programm verändern will.

Vorausgesetzt, dass körperlich dem nichts entgegensteht, sind Ausdauersportarten wie z.B. Laufen ein möglicher Schlüssel zu meiner Gesunderhaltung.

Läufer beginnen automatisch richtig zu essen – hat Dr. Ulrich Strunz herausgefunden – mehr Kohlehydrate und Eiweiß, weniger Fett, mehr Obst und Gemüse, weniger Fleisch.

Ich verlor die Lust an Bier und Wein, zumal ich jedes Glas Alkohol am nächsten Morgen beim Laufen negativ spüren und ergo mit Zins und Zinseszins zu bezahlen haben würde. Und so gewöhnte ich mich immer mehr an Mineralwasser.

Dieselbe dynamische Veränderung hin zum Positiven stellte sich auch beim Essen ein, denn ich bekam immer mehr Lust auf Obst, Fruchtsäfte, Salate, Gemüse und Fisch. Fleisch, Wurst und fette Speisen verloren an Attraktivität.

Läufer horchen in ihren Körper hinein, weil sie ihren Körper als wichtigen Partner respektieren. Sie lernen seine Reaktionen kennen, registrieren Veränderungen, erleben Zusammenhänge und Abläufe bewusst. Sie entwickeln Körperbewusstsein.

Forscher der University of Pennsylvania haben bei ihren Untersuchungen entdeckt, dass Niedergeschlagenheit, Leeregefühl und Konzentrationsstörungen durch Bewegung beseitigt werden.

Durch Ausdauersportarten werden die körpereigenen Endorphine aktiviert.

Darüber hinaus sorgt die erhöhte Sauerstoffzufuhr für eine bessere Ausnutzung der Gehirnkapazität.

Beim Schwitzen werden depressionsfördernde Substanzen ausgeschieden und schließlich stärkt das Fitnessgefühl das Selbstbewusstsein.

Und wenn dies alles noch nicht ausreichen sollte, um sich regelmäßig die Laufschuhe anzuziehen, sei zum Abschluss noch die amerikanische Bestsellerautorin Joyce Carol Oates zitiert: „Laufen: Ich kann mir keine andere Tätigkeit vorstellen, die schöner ist, fröhlicher stimmen würde und die die menschliche Phantasie mehr beflügeln könnte!"

ICH ERLEDIGE, WAS ZU ERLEDIGEN IST

Menschen, die sich selbst als glücklich bezeichnen, fällen ihre Entscheidungen schneller und konsequenter. Sie gehen lieber das Risiko falscher Entscheidungen ein, statt sie hinauszuzögern und aufzuschieben. Dies hat Professor Ed Diener bei der Untersuchung der Phänomene von Glück und Zufriedenheit herausgefunden. Diese Menschen erledigen, was ansteht, statt es anzuhäufen.

Wenn ich aufräume und Liegengebliebenes anpacke, fühle ich mich nicht als Opfer, sondern als Gestalter meines Schicksals, und das gehört wesentlich zum Glück.

Hinzu kommt, dass das Aufschieben von Vorhaben eine gefährliche Eigendynamik entwickelt. Peter Ustinow hat das so beschrieben: „Die Menschen, die etwas von heute auf morgen verschieben, sind dieselben, die es bereits von gestern auf heute verschoben haben."

Und sollte es sich bei dem Aufgeschobenen um ein zu lösendes Problem handeln, wird die Situation noch schlimmer. Zum einen bindet das Aufschieben nur unnötig Energie, weil ich ständig an das noch zu lösende Problem denken muss. Zum zweiten setzt das Aufschieben mein Selbstwertgefühl herab, weil ich mir meiner Schwäche des Aufschiebens sehr wohl bewusst bin. Und drittens wird das Problem in meiner Vorstellungskraft immer größer, weil ich wahrscheinlich zu Recht annehme, dass bei den anderen Beteiligten des Problems die Enttäuschung über mein Nichthandeln gewachsen ist.

Deshalb lautet eine alte Weisheit:

„Löse Probleme, solange sie klein sind."

Und eine weitere Erkenntnis ist für mich wichtig: „Wenn ich die großen Steine nicht zuerst in ein Gefäß fülle, bekomme ich sie nie ins Glas."

Also löse ich die größten und schwierigsten Probleme zuerst, sonst schaffe ich es nie.

Ich bin der, der das Problem hat. Kein anderer. Denn jeder Betroffene empfindet das Problem anders und mit einer anderen Intensität.

Mit einer offensiven Handhabung von Problemsituationen und Liegengebliebenem kann ich Klarheit und Ordnung schaffen – um ein Lebensgefühl der Leichtigkeit entstehen zu lassen.

„Tue es zitternd, aber tue es", wie Emmert Fox es formuliert hat.

Aber nicht nur, wenn es um das Lösen von Problemen geht, sondern auch beim Verwirklichen von Träumen oder beim

Erreichen von Zielen ist ein entschiedenes Handeln gefragt. Der amerikanische Autor Og Mandino bringt es auf den Punkt:

„Deine Träume sind wertlos, deine Pläne sind Staub, deine Ziele sind unerreichbar. Alles dies ist ohne Wert, wenn es ohne Handlung bleibt. Nur die Handlung ist das Feuer, das deine Pläne zu einer treibenden Kraft werden lassen, und nur die Handlung bestimmt den Wert deiner Persönlichkeit."

Wobei es nicht darauf ankommt, dass ich am Ende des Tages viel unternommen und dabei viele Schweißtropfen vergossen habe, sondern es zählen nur die Ergebnisse. Bin ich meiner Problemlösung oder meinem Ziel einen Schritt näher gekommen? Das ist es, worauf es ankommt!

Deshalb nehme ich mir immer wieder vor, das zu erledigen, was zu erledigen ist.

ICH REDUZIERE DIE NUTZUNG VON MEDIEN AUF EIN MINIMUM – ICH KONZENTRIERE MICH AUF DIE POSITIVEN NACHRICHTEN

Dieser Leitsatz erscheint zunächst schwer nachvollziehbar. Was hat unser Fernsehverhalten mit unserem Glücksgefühl zu tun? Er stützt sich jedoch auf Erkenntnisse des amerikanischen Physiologen Prof. Leon Kaplan, der bei seinen Untersuchungen herausgefunden hat, dass Fernsehen sukzessive den körpereigenen Endorphinspeicher leert, der maßgeblich dazu beiträgt, dass wir uns wohlfühlen. Wer drei Stunden ferngesehen hat, fühlt sich nicht leicht und fröhlich – egal, was er gesehen hat.

Fröhliche Menschen verbringen noch nicht einmal ein Fünftel so viel Zeit vor dem

Fernseher wie der Durchschnittsbürger. Darüber hinaus studieren sie selten die Tageszeitung.

Die psychologische Erklärung des Forschers: Fernsehen und Tagespresse erreichen ihre Quoten mit Katastrophen, Morden und schlechten Nachrichten.

So haben Untersuchungen in den USA ergeben, dass ein Jugendlicher bis zu seinem 18. Lebensjahr bei durchschnittlichem Fernsehverhalten Zeuge von 8.000 Morden geworden ist. Wer darauf weitgehend verzichtet, hat ein helleres Weltbild.

Und was die Nachrichten dieser Welt angeht, so haben wir das Bedürfnis, über alles auf der Erde bestens informiert zu sein – über jede Katastrophe, über jeden Flugzeugabsturz und über die scheußlichsten

Verbrechen – wie weit entfernt von uns sie auch passiert sein mögen.

Aber welchen Beitrag außer Gänsehaut, Mitgefühl oder Erleichterung, nicht beteiligt zu sein, können wir tatsächlich leisten? In der Regel keinen.

In seltenen Fällen können wir bei verheerenden Naturkatastrophen das Leid der Betroffenen durch eine Spende lindern – zugestanden, aber das ist der Ausnahmefall.

Im Regelfall belasten wir uns auch hier mit negativen Bildern – eine Leichtigkeit und Fröhlichkeit mag bei Nachrichten dieser Art nicht aufkommen.

Deshalb konzentriere ich mich auf die positiven Nachrichten dieser Welt – sie sind auch oft ein gutes Beispiel zur Nachahmung!

ICH UMGEBE MICH MIT FREUNDEN, DIE MICH AUFBAUEN

Allen glücklichen Menschen ist das Talent zur Freundschaft gemeinsam. Zu dieser Erkenntnis ist der Psychologe Prof. Martin Seligman bei seinen Untersuchungen von Menschen gelangt, die sich als glücklich bezeichnen. Das bedeutet Initiative, eine gewisse Regelmäßigkeit des Treffens und Pflege dieser Beziehung.

Aber auch Auswahl: Ich umgebe mich in erster Linie mit aufbauenden und unterstützenden Menschen und reduziere möglichst den Kontakt zu solchen Menschen, die alles schlecht machen, die sich über andere erheben und aufschneiden. Es geht nicht um die Anzahl von Menschen, die ich kenne, sondern um das Gefühl der Verbundenheit.

Und dies kann nur mit einer begrenzten Zahl von Menschen entstehen.

Nur solche Beziehungen stärken das Vertrauen und das Gefühl der Geborgenheit.

Deshalb bin ich sorgsam mit der Auswahl meiner Freunde und pflege die Beziehung zu denen, die mir helfen zu wachsen, sei es durch ehrliche Rückmeldungen oder aufbauende Zustimmung.

ICH LERNE AUS MEINEN FEHLERN, NIEDERLAGEN UND PROBLEMEN

Natürlich strebe ich bei allem, was ich tue, den Erfolg an. Wenn ich erfolgreich bin, dann fühle ich mich bestätigt, in dem was ich tue. Allerdings habe ich in aller Regel nur wenig dazugelernt. Zumindest ist das Lernerlebnis im Erfolgsfall meist gering, weil das positive Endergebnis alles überstrahlt.

Anders ist es bei Niederlagen und Misserfolgserlebnissen. Hier überwiegt zunächst die Enttäuschung. Diese führt aber dazu, dass ich genauer hinschaue, warum ich meine Tätigkeit nicht erfolgreich abschließen konnte. Ich forsche nach, wo ich falsche Entscheidungen getroffen habe. Und ich nehme mir vor, es beim nächsten Mal besser zu machen. Jedes Ereignis hat seinen Sinn und jedes Misserfolgserlebnis enthält seine Lehre und ist dadurch eine Bereicherung für mich. Jedes Scheitern, sei es auf beruflichem oder privatem Gebiet, führt zu meinem Wachstum.

Und so kommt es, dass ich, ob Sieg oder Niederlage, immer ein Gewinner bin, denn ich habe bei der Niederlage etwas hinzugelernt, was mir im Falle des Erfolgs wohl nicht aufgefallen wäre.
So wird jede Lebenssituation, gerade wenn sie ungünstig für mich ist, zu einem Trainingsfeld, bei dem ich dazulernen kann.

Jemand, der mich ärgert, wird auf diese Weise zu einem guten Geist, der mich zur Selbstbeherrschung und Geduld zwingt, gerade durch das, was er mir zumutet. Denn in jedem Gespräch begegne ich nicht nur dem anderen, sondern auch mir selbst. Ärger bedeutet immer auch, dass ich jemandem die Verantwortung zuschiebe, die ich selbst habe. Nicht nur mein Freund, sondern auch mein Feind ist auf diese Weise mein Lehrer. Es macht mich stark, wenn ich das Gefühl habe, mit allem fertig zu werden, was mir im Leben zustoßen kann. Und hierfür muss ich Erfahrungen machen. Schicksalsschläge erfahre ich nur dann als Schläge, wenn ich vorherige Botschaften nicht verstanden habe und nicht aus meinen Fehlern gelernt habe.

Ich werde an meinen Widerständen wachsen. Und schrumpfen, wenn ich Probleme meide.

Deshalb bemühe ich mich, jede Lebenssituation als Trainingsfeld zu nutzen und dazuzulernen.

Wenn ich es mir zur festen Gewohnheit mache, in jedem Umstand, sei er im ersten Moment noch so ungünstig, das Positive zu suchen, dann werde ich einen großen Entwicklungsschritt machen.

„Der Schatz liegt dort verborgen, wo ich ins Stolpern gerate." (Joseph Campbell)

ICH BIN DANKBAR FÜR DAS, WAS ICH BIN, WAS ICH HABE UND BEKOMME

Was wäre, wenn ich im Alter von 46 Jahren bei einem schlimmen Motorradunfall bis zur Unkenntlichkeit verbrannt wäre und vier Jahre später dann als Folge eines Flugzeugunglücks von der Hüfte an abwärts gelähmt wäre.

W. Michell hat dies alles erlebt und wurde dennoch ein geachteter öffentlicher Redner, ein glücklicher Ehemann und ein erfolgreicher Geschäftsmann. Er sagt: „Ich konnte mir aussuchen, diese Situation als Rückschlag oder als Ausgangspunkt anzusehen." Es spielt keine Rolle, was mir in meinem Leben passiert, es ist nur wichtig, wie ich damit umgehe." Er hatte dieses tiefe Gefühl, dass er sich seine eigene neue

Realität erschaffen könne, indem er sich auf das Können anstatt auf das Nichtkönnen konzentrierte.

„Bevor mir all das passierte, gab es 10.000 Dinge, die ich tun konnte. Nun sind es 9.000. Ich könnte nun den Rest meines Lebens damit verbringen, über die 1.000, die ich verlor, zu trauern, aber ich kann mich auch dafür entscheiden, mich auf die 9.000 Dinge zu konzentrieren, die ich noch tun kann!"

Das was W. Michell auf wunderbare Weise vorlebt, ist eines derjenigen Erkenntnisse, die der Psychologe Prof. Mihaly Csikszentmihalyi von der University of Chicago bei seinen Untersuchungen als einen der entscheidenden Schlüssel zum Glück identifiziert hat. Menschen, die mit dem Schicksal hadern, richten ihre

Aufmerksamkeit auf das, was sie unzufrieden macht.

Die Glücklichen hingegen haben ihren Blick trainiert für die Dinge, die erfreulich sind. Der entscheidende Punkt: Bin ich dankbar für den positiven Teil meiner Lebensumstände – sei es für meine Gesundheit, meine Liebe zu meinem Lebenspartner, meinen Beruf oder für das, was ich mir leisten kann. Dann bin ich auf dem richtigen Weg!

Glück und Zufriedenheit sind eine Frage der Akzeptanz. Oder wie es der Psychologe Jens Corssen ausdrückt: „Was ist, ist. Was nicht ist, ist nicht. Und wie du es beurteilst, bestimmt dein Erleben."

Deshalb besinne ich mich jeden Tag auf das, für das ich dankbar sein kann in meinem Leben. Denn es schärft meine

Wahrnehmung für die angenehmen Seiten des Lebens.

ICH VERLASSE IMMER WIEDER MEINE KOMFORTZONE

Jeder Mensch hat seine Gewohnheiten, ob er will oder nicht. Gewohnheiten haben durchaus ihre guten Seiten – ohne sie müssten wir ständig konzentriert bewusste Entscheidungen treffen – selbst bei einfachen Tätigkeiten wie Zähneputzen, Kämmen der Haare oder Autofahren. Gewohnheiten erlauben es uns, viele Dinge automatisch zu tun – ohne dass es uns mental besonders anstrengt.

Die entscheidende Frage, die ich mir stelle, ist: Welche Gewohnheiten bestimmen mein tägliches Leben – welche davon sind für mich gut und unterstützen mich darin, ein glückliches Leben zu führen. Und welche dieser Gewohnheiten hindern mich daran, meine Ziele zu erreichen und sind eher kontraproduktiv, statt mich glücklich und zufrieden zu machen.

Ich habe mir zum Ziel gesetzt, diese für mich ungünstigen Gewohnheiten zu identifizieren und sie durch solche zu ersetzen, die mich weiterbringen. Kein leichtes Unterfangen, denn Gewohnheiten sind der härteste Kleister, den es gibt. Das können alle diejenigen bestätigen, die sich das Rauchen abgewöhnen oder Gewicht abnehmen wollen.

So lebt jeder, wie er will. Gerade weil diese Umgewöhnung so schwer fällt, entscheiden sich viele für bekanntes Leid, statt für das unbekannte Glück. Denn alles andere kostet sie zu viel Überwindung.

Aber es lohnt sich, über sich hinauszuwachsen und seine Komfortzone zu verlassen, den Bereich des Lebens, der gewohnt und automatisiert ist und der uns immer wieder bestätigt.

Martin Seligman, Psychologe an der University of Pennsylvania, hat bei seinen Untersuchungen nach den Wegen zum Glück herausgefunden, dass das Wachstum zum Glück überwiegend außerhalb der Komfortzone stattfindet. Wer nie scheitert, entwickelt sich nicht und kann auch nicht glücklich werden, weil er sich vor Unvorhergesehenem fürchtet. Ihm fehlt die Erfahrung der eigenen Stärke und Überwindungskraft.

Für Jens Corssen ist Glück eine Überwindungsprämie: Die größte Überwindung wird durch die größte Glücksprämie belohnt.

Daher kann ich mich nur weiterentwickeln, wenn ich versuche, über das, was ich bereits kann, hinauszuwachsen.

Wichtig dabei ist auch der Zeitpunkt: Häufig entsteht der Wunsch nach Veränderung lediglich aus einem Gefühl der Dringlichkeit, z. B. verändern Menschen ihre Trink- und Rauchgewohnheiten, wenn sie schwer erkranken. Dagegen ist Einsicht der bessere Weg.

Ich bin deshalb immer wieder – wie Jens Corssen es empfiehlt – der Zeuge meiner Gedanken und Taten. Bei allem was ich tue, schaue ich mir zu – wie auf einer Leinwand – und bin bereit, den Preis dafür zu bezahlen.

Nach der Einsicht ist der Wille zur Veränderung zum Verlassen der Komfortzone gefordert.

Schon Friedrich Schiller hat erkannt: „Den Menschen macht sein Wille groß und klein." Oder anders ausgedrückt: „Der eine glaubt er kann, der andere glaubt er kann nicht und beide haben recht."

Deshalb nehme ich mir vor, immer wieder meine Komfortzone zu verlassen. Die Überwindung lohnt sich, denn ich werde mit Glück, Wachstum und dem Gefühl der eigenen Stärke belohnt.

ICH KONZENTRIERE MICH AUF DEN AUGENBLICK

John Lennon hat es mit der ihm eigenen Ironie ausgedrückt: „Leben ist, was dir passiert, während du damit beschäftigt bist, gerade andere Pläne zu machen."
„Unsere Verabredung mit dem Leben findet im gegenwärtigen Augenblick statt. Und der Treffpunkt ist genau da, wo wir uns gerade befinden." (Buddha)
Aber unsere Gedanken sind wie Phantome, sie existieren selten in der Gegenwart, und sie haben die Macht, unsere Aufmerksamkeit von der Gegenwart abzulenken.
So existieren alle meine Pläne, Sorgen, Schuldgefühle, Neidgefühle und Sehnsüchte nur in der Vergangenheit oder Zukunft.
Seneca hat schon erkannt: „Es ist nicht wenig Zeit, die wir haben, sondern es ist zu viel Zeit, die wir nicht sinnvoll nutzen."

Wissenschaftliche Untersuchungen von Mihaly Csikszentmihalyi haben gezeigt, dass Menschen, die sich als glücklich bezeichnen, weniger das Gefühl haben, die Zeit entgleite ihnen. Sie leben stattdessen mehr im Augenblick. Dies liegt in erster Linie an ihrer Fähigkeit zur Konzentration. Konzentration ist eine Folge von immer neuer Aufmerksamkeit auf die momentane Tätigkeit. Wer in dem aufgeht, was gerade „dran" ist, bewegt sich in einer Sphäre der Zeitlosigkeit.

Bei den Zen-Buddhisten heißt es hierzu: „Glühend und intensiv muss deine Aufmerksamkeit sein bei allem, was du tust: Beim Gehen, Stehen und Sprechen! Wenn du gehst, dann gehe! Wenn du isst, dann iss!"

Auf den Tag bezogen empfehlen die Buddhisten folgende Vorgehensweise:

„Stell dir vor, dass jeden Tag ein kleiner Vogel auf deiner Schulter sitzt, der dich fragt: ‚Bist du bereit heute zu sterben? Tust du alles, was du tun solltest? Bist du der Mensch, der du sein möchtest?' Wenn du diese Fragen mit ‚NEIN' beantworten musst, dann ändere etwas – bevor es zu spät ist."

Ich bin mir bewusst, dass heute der erste Tag vom Rest meines Lebens ist. Ich konzentriere mich auf diesen Tag und mache ihn zu einem Erlebnis und zu einem Erfolg.

ICH FINDE HERAUS, WOMIT ICH VERBRAUCHTE ENERGIE WIEDER ZURÜCK- GEWINNEN KANN

Auch Menschen, die sich in der Regel als glücklich bezeichnen, haben ihre Tiefpunkte, wenn sie frustriert oder erschöpft sind.

Auch für sie ist das Leben mitunter wie eine Achterbahnfahrt, wo sie mal oben, aber auch mal gefühlsmäßig unten sind.

Nur mit dem Unterschied, dass sie wissen, wodurch sie ihren Energiespeicher schnell wieder auffüllen können. Sie benutzen etwas, was der amerikanische Wissenschaftler Ed Diener, der dieses Phänomen untersucht hat, eine Akku-Liste nennt.

Es handelt sich dabei um eine individuelle Zusammenstellung von Dingen, die einem persönlich besonders viel Freude machen.

Dazu können gehören: Musik hören, joggen, über eine selbst gesetzte Grenze gehen, sich massieren lassen, meditieren oder sich mit Freunden treffen.

Deshalb ist es meine Aufgabe herauszufinden, womit ich verbrauchte Energie wieder zurückgewinnen kann, um dann darauf zurückzugreifen, wenn ich frustriert bin oder mich ausgelaugt fühle.

ICH SETZE MIR HERAUSFORDERNDE, ABER ERREICHBARE ZIELE

„Wenn du nicht genau weißt, wo du hin willst, brauchst du dich nicht zu wundern, wenn du ganz woanders ankommst." (Robert F. Mayer)

Schon allein deswegen ist es notwendig, mir immer wieder Ziele zu setzen, um meinem Leben auch die Richtung zu geben, die ich bevorzuge.

Ziele sind dabei wie Leuchtfeuer, die mich auf meiner aufregenden und erfüllenden Reise durch das Leben leiten sollen. Ich brauche sie als Markierung oder auch als Ermutigung für optimale Leistungen.

Ziele führen dazu, dass ich das, was ich kann, auch nutze.

Der Schlüssel für Glück und innere Zufriedenheit liegt darin, mir herausfordernde, aber erreichbare Ziele zu stecken, die mir auf dem Weg dorthin Freude bereiten.

Ich formuliere diese Ziele konkret, schriftlich und so, dass sie überprüfbar sind.

Für meine Zielerreichung beantworte ich folgende Fragen:

1. Was will ich?
2. Wie will ich es?
3. Wie müssen die Dinge sein, damit ich es tue?
4. Was brauche ich, um mein Ziel zu erreichen?
5. Wo bekomme ich das her?
6. Wie ist es, wenn ich es geschafft habe?

Dabei versuche ich immer zu berücksichtigen, dass sich viele Ziele nur in kleinen Schritten umsetzen lassen.

Oft überschätze ich, was ich in kurzer Frist erreichen kann, und unterschätze, was auf lange Sicht möglich ist.

Deshalb setze ich mir Ziele, die herausfordernd, aber erreichbar sind, und konzentriere mich darauf, sie zu erreichen.

ICH HALTE MEINE VEREINBARUNGEN EIN

Mein Leben funktioniert in dem Maße, wie ich meine Vereinbarungen einhalte.

Eine Vereinbarung ist darauf ausgerichtet, das Leben zu gestalten und dadurch Zufriedenheit zu erreichen.

Bei allem, was ich anderen gegenüber verspreche oder zusage, gebe ich nicht nur den anderen mein Wort, sondern auch immer mir selbst. Wenn ich mein Wort breche, leidet mein Selbstwertgefühl. Das gleiche gilt bei allem, was ich mir selbst vornehme zu tun: das Führen unangenehmer Gespräche, das Vollenden von begonnenen Arbeiten oder die Wahrnehmung eines immer wieder aufgeschobenen Zahnarzt-besuchs.

Auch in diesen Fällen schließe ich immer eine Vereinbarung ab – nämlich mit mir selbst.

Der Philosoph Friedrich Wilhelm Foerster hat es so formuliert: „Bei allem Guten und Schlechten, was ich tue, ist stets jemand da, der es gemerkt hat: meine eigene Seele." „Und auf die Dauer", so würde Johann Wolfgang von Goethe ergänzen, „nimmt die Seele die Farbe meiner Gedanken an".

Ein Mensch, der alle seine Vereinbarungen einhält, sei es gegenüber anderen oder diejenigen, die er ausschließlich mit sich selbst eingegangen ist, erlangt viele Vorteile:

- er kann sich selbst vertrauen
- er genießt das Vertrauen anderer
- er hat ein reines Gewissen und kann nachts unbesorgt schlafen
- er schöpft aus erledigten Arbeiten neue Energie

- und er hat den Kopf frei für neue Vorhaben.

Einen solchen Menschen nennt man integer. Er ist bereit, seine Vereinbarungen einzuhalten, egal welche Entschuldigungen auch denkbar wären. F.W. Foerster hat diese Aspekte sehr treffend in folgendem Satz zusammengefasst: „Alle Treue und Strenge, die du dem Weichlichen in dir abgerungen hast, wird belohnt durch den Frieden des Herzens, das Vertrauen deiner Mitmenschen und das frohe Kraftgefühl deiner eigenen Festigkeit."

Deshalb nehme ich mir vor, stets das zu sagen, was ich meine und auch danach zu handeln.

Ich will nur das versprechen, was ich auch einhalten kann, denn:

„Wer vieles verspricht, dem wird wenig geglaubt." (Laotse)

Am Ende eines Tages frage ich mich, ob ich auch nicht abgewichen bin von meiner Linie: „Be your word and walk your talk!"

ICH ERWARTE NICHTS UND BIN AUF ALLES GEFASST

Wenn ich eine Erwartung habe, dann habe ich das Vertrauen, dass etwas ganz Besonderes geschieht.

Ich freue mich vielleicht schon darauf, als müsste es einfach so kommen.

Wenn ich z. B. einen Urlaub plane, male ich mir einen Urlaubsort in den sonnigsten Farben aus. Habe ich dann schlechtes Wetter, bin ich enttäuscht.

Dabei ist schlechtes Wetter eine Tatsache, die auch im Sommer statistisch gesehen häufig auftritt. Ich mache mir jedoch von dem bevorstehenden Ereignis eine Vorstellung und bin anschließend enttäuscht, wenn es nicht so eintritt, wie erhofft.

So ist es auch mit dem Verhalten anderer: Es ist nicht das Handeln des anderen, das mich enttäuscht, sondern dass er meinen Erwartungen nicht entsprochen hat, z. B. weil er mich nicht anständig behandelt hat.

Der Mensch scheitert in der Regel an seinen Erwartungen und nicht an den Ereignissen.

Wenn ich mich an Erwartungen oder vorgefasste Ansichten klammere, kann ich die Welt nicht in ihrer Unterschiedlichkeit und Vielfalt wahrnehmen und begreifen.

Erwartungen behindern meine Entwicklung und begrenzen meinen Horizont. Falsch angesetzte Erwartungen werden zu Frustrationen führen.

Wenn ich meine Erwartungen beiseite lasse, dann akzeptiere ich, dass ich meine Zukunft zwar beeinflussen, aber nicht kontrollieren kann. Ich konzentriere mich stattdessen darauf, wie ich die Richtung beeinflussen kann, in die ich gehen möchte, für die ich eine Vorliebe habe. Um dann mein Bestes zu geben und die Dinge ihrer von der Natur geplanten Entfaltung zu überlassen.

Ich versuche mich frei von den Erwartungen anderer zu machen. Das gelingt nicht immer, aber immer besser.

Mein Motto lautet: „Erwarte nichts und sei auf alles gefasst."

ICH BEHANDLE ANDERE SO, WIE ICH SELBST BEHANDELT WERDEN MÖCHTE

Für ein freudvolles Zusammenleben ist dieses Prinzip von elementarer Bedeutung und erfordert andererseits ein hohes Maß an Disziplin.

Wenn z. B. über einen Nichtanwesenden herablassend gesprochen wird, ist es verlockend in das Gespräch einzustimmen und seinen Beitrag zur Verhöhnung des anderen zu liefern.

Ich könnte aber auch den entgegengesetzten Weg gehen, nämlich den anderen in Schutz nehmen, sein Wesen erklären, seine guten Seiten beleuchten und Missverständnisse beseitigen.

Und darauf hoffen, dass ich selbst in einer ähnlichen Situation jemanden habe, der mich in Schutz nimmt.

Wenn ich einen anderen verurteile, so erhebe ich mich über ihn, ohne zu wissen, wie ich handeln würde, wenn ich in seiner Situation wäre.

Deshalb bemühe ich mich, nur dann über einen anderen Menschen zu urteilen, wenn ich mir ein genaues Bild über ihn und seine Lebensgeschichte machen konnte.

Bei allem, was ich gegenüber anderen sage oder tue, halte ich mir die folgende buddhistische Weisheit vor Augen:

„Denke stets an das Ende deiner Werke und an die Folgen, die zukünftig aus ihnen erwachsen können." Ich frage mich also, was passieren würde, wenn derjenige, über den ich abfällig geurteilt habe, erfahren würde, was ich über ihn gesagt habe.

Daher äußere ich über Dritte nur das, was ich ihnen auch direkt sagen würde. Im Übrigen sind alle meine Handlungen wie ein Bumerang – alles Gute und Böse kehrt stets zu mir zurück. Auch wenn es dem, den es treffen sollte, gar keinen Schaden zugefügt hat.

Denn es ist immer jemand da, der es gemerkt hat: „meine eigene Seele." (F.W. Foerster)

Jeder gute, aber auch jeder schlechte Gedanke fällt auf mich zurück, denn zeige ich mit einem Finger auf jemand anderen, zeigen drei Finger auf mich. (Zeigen Sie einmal mit dem Zeigefinger auf jemand anderen, dann zeigen Mittelfinger, Ringfinger und kleiner Finger auf Sie.) Spreche ich positiv oder auch negativ über einen anderen, so hat das immer auch etwas mit mir zu tun.

Ich kann mir also selbst nichts Besseres tun, als dem anderen das Beste zu wünschen.

Darüber hinaus gilt:
Möchte ich etwas von anderen, dann gebe ich es ihnen zuerst. Möchte ich z. B. als Gast freundlich vom Hotelpersonal behandelt werden, dann bin ich freundlich zu den Hotelangestellten. Bin ich arrogant, werde ich bestenfalls mit antrainierter aber nicht ernst gemeinter Höflichkeit behandelt.
Mache ich dem Hotelangestellten sogar noch Komplimente für eine zuvorkommende Behandlung, so wird er sich darüber freuen und sich in seiner Freundlichkeit und Hilfsbereitschaft bestätigt fühlen. Dies wiederum hat positive Auswirkungen auf die Behandlung anderer Gäste, sodass hierdurch eine positive Kettenreaktion ausgelöst werden kann.

Ich nehme mir deshalb vor, andere so zu behandeln, wie ich selbst behandelt werden möchte, über sie zu denken, wie ich mir wünsche, dass sie über mich denken, über sie zu sprechen, wie ich möchte, dass sie über mich sprechen, und Ihnen gegenüber so zu handeln, wie ich möchte, dass sie mir gegenüber handeln. (Arthur Lassen)

ICH MACHE MEIN GLÜCK NICHT VON MEINEM BESITZ ABHÄNGIG

Die Gleichung „Je mehr ich habe, desto besser geht es mir", geht nicht auf. Das haben Untersuchungen von Mihaly Cszikszentmihalyi gezeigt.

Reiche Menschen fühlen sich kaum glücklicher als arme.

Im Vergleich zur Gesundheit und zur Liebe sind die Sachen, die ich mir kaufe, nur Spielsachen des Lebens. Deshalb mache ich mein Glück nicht von einer Sache abhängig, sondern freue mich, dass die wirklichen Glücksbringer noch da sind.

Eine indische Weisheit lautet:

„Besitz beschützt nicht, sondern macht verletzlich." Und in der Tat: Schon bei einem Auto habe ich Angst vor Diebstahl und

Beschädigung, bei der Anschaffung eines zweiten Autos verdoppelt sich das Risiko.

Schopenhauer empfiehlt in diesem Zusammenhang: „Sei zufrieden mit dem, was du hast. Schraube deine Wünsche nach unten und du wirst glücklicher sein."

Beim Anblick dessen, was ich nicht besitze, steigt leicht der Gedanke auf: „Wie wäre es, wenn das mir gehören würde?" Stattdessen sollte ich mich öfter fragen: „Wie wäre es, wenn die Sache, die ich jetzt besitze, mir nicht mehr gehören würde?"

Denn meistens weiß ich erst durch ihren Verlust den Wert einer Sache zu schätzen.

Durch diese Betrachtungsweise werde ich einerseits glücklicher als vorher über diesen Besitz sein, zum anderen werde ich alles tun, um seinem Verlust vorzubeugen.

Darüber hinaus passe ich auf, dass ich nicht für einen Besitz lebe: „Hab ich mein Haus, oder hat mein Haus mich?" Wichtig ist, dass ich lerne, zwischen den Dingen zu unterscheiden, die mein Leben bereichern, und den Dingen, die mir nur vorübergehend ein Gefühl von Status geben. Denn früher oder später werde ich entdecken, dass der Preis, den ich für das Statussymbol bezahlt habe, viel höher war, als das daraus bezogene Glück.

Für mich gilt: „Je mehr Klasse einer hat, desto weniger Wind braucht er davon zu machen und desto weniger Statussymbole braucht er."

Deshalb nehme ich mir vor, mein Glück nicht von meinem Besitz abhängig zu machen.

ICH ÜBERWINDE IMMER WIEDER MEINE ANGST

Meine Angst mag mich beschützen. Aber sie begrenzt mich auch.

Jede Angst blockiert die Leistungsfähigkeit. Ein Fußballer, der Angst vor Verletzungen hat, wird einen Zweikampf nicht erfolgreich bestehen können. Eine Skifahrerin, die mit der Angst vor einem Sturz startet, wird nicht gewinnen können. Ein Vertreter, der Angst vor einem „Nein" des Kunden hat, kann nicht überzeugend verkaufen, ein Manager, der ständig die Konkurrenz fürchtet, ist nicht fähig zu zukunftsorientierten Investitionen.

Wer Angst hat, tut das Falsche oder er tut das Richtige nicht gut genug.

Nur wer frei ist von Ängsten, Hemmungen und Verkrampfungen, ist zur Mobilisierung aller seiner Kräfte und Energiereserven in der Lage. Auf diese Weise führt Angstfreiheit zu Entscheidungsfreiheit und Willensstärke.

Wenn ich eine Entscheidung treffen muss, frage ich mich: „Was würde ich tun, wenn ich keine Angst hätte?" Diese Frage beantworte ich mir und tue es dann.

Angst ist mangelndes Vertrauen in sich selbst, und Mutproben geben uns das Selbstvertrauen, auch scheinbar Unmögliches zu bewältigen. Weiche ich dagegen der schwierigen Situation aus, so erhöht das meine Angst.

Angst entsteht nicht durch die Wirklichkeit selbst, sondern durch meine Vorstellung von einer schlechten Wirklichkeit. Ich habe die Fähigkeit, über mich selbst hinauszuwachsen, wenn ich meine Ängste und Hemmungen überwinde.

Deshalb: „Der Weg geht da lang, wo die Angst ist. Die Angst zeigt dir das Tor zur Freiheit." (Jens Corssen)

Und wenn ich einen Riesen sehe, sollte ich zweimal hinschauen, vielleicht habe ich mich nur klein gemacht.

ICH HABE EIN POSITIVES SELBSTBILD VON MIR

„Wie ich mich sehe, so werde ich sein."

Das ist das Ergebnis von wissenschaftlichen Untersuchungen im Zusammenhang mit dem Phänomen der Self-Fulfilling Prophecy, der sich selbst erfüllenden Prophezeiung. Danach gibt es keinen Umstand, der meine Leistungsfähigkeit mehr beeinflusst, als das Bild, das ich von mir selbst habe.

Jeder Mensch trägt eine Vorstellung von sich selbst mit sich herum, die auf einem starren, von seinen früheren Leistungen geschaffenen System von Überzeugungen beruht. Alle seine Handlungen reflektieren diese Vorstellung und meistens entspricht seine Leistung dem Bild, das er von sich hat.

Wenn mir als Kind gesagt wurde, ich sei unbeholfen und ungeschickt, und ich diesen Beschreibungen Glauben schenkte, dann werde ich körperliche Aktivitäten vermeiden und dies wird meine scheinbar unsportlichen Eigenschaften „bestätigen". Auf diese Weise gebe ich mir nicht die Möglichkeit, mich selbst zu entwickeln.

Ziel sollte es daher sein, destruktive mentale Muster durch ein kraftvolles neues Selbstbild zu ersetzen. Positive Einstellungen und Gedanken lassen sich am besten durch Affirmationen übermitteln.

Es handelt sich dabei um starke, positive Aussagen über etwas, das bereits wahr ist oder die realistische Möglichkeit besitzt, wahr zu werden. Also z. B. „Gelassen gehe ich meinen Weg."

Durch diese bewussten und sorgfältig geplanten Gedanken lässt sich das willkürliche endlose „Geplapper", das jeden Augenblick in meine Sinne dringt, ersetzen.

Eine Affirmation ist dabei nicht Selbstbetrug, sondern Selbstlenkung. Sie weist in die Richtung, in die ich gehen will.

Trotz aller Schwächen, die ich bei mir feststelle, achte ich daher darauf, ein positiveres Selbstbild von mir zu haben.

WAS ICH TUE, TUE ICH MIT GANZEM HERZEN

Glücksgefühle entstehen – wie eingangs betont – durch hingebungsvolles Arbeiten. Das haben Wissenschaftler wie der Psychologe Prof. David Myers herausgefunden.

Nun mag man einwenden, dass nicht jede Arbeit gleichermaßen fesselt. Das Maß der Freude, mit dem ich etwas tue, hängt überwiegend davon ab, ob diese Arbeit meinen Stärken entspricht.

Aber Hingabe und Begeisterung sind auch eine Frage der Einstellung. Und diese Einstellung erzeugt Gefühle und Gedanken und hat entscheidenden Einfluss auf die Qualität meiner Handlung und die daraus folgenden Ergebnisse. Ob ich eine positive oder negative Einstellung zu einer Tätigkeit habe, ist eine Entscheidung, die ich für mich persönlich jedes Mal neu treffen kann. Und selbst wenn ich zu einer Tätigkeit keine Lust habe, so kann ich mich trotzdem entscheiden, mein Bestes zu geben.

Denn es gilt: „Einer, der gerne Koffer trägt, trägt nicht lange Koffer (weil er befördert wird). Und einer, der nicht gerne Koffer trägt, wird sein Leben lang Koffer tragen (weil man ihm nicht mehr zutraut)."

Der Erfolg folgt immer bei Vertrauen in meine eigenen Fähigkeiten und bei bester Leistung.

Wenn ich mich für eine Tätigkeit begeistern kann, dann habe ich gute Aussichten, wirklich etwas Großes zu erreichen. „Denn Begeisterung ist ein Vulkan. In seinem Krater wächst kein Gras des Zauderns."

(Khalil Gibran)

Wenn ich nicht für eine Sache brenne, kann ich andere auch nicht anstecken.

Und so bemühe ich mich immer, mein Bestes zu geben, denn es ist das Beste, was ich für mich tun kann.

ICH FINDE HERAUS, WORIN DER SINN MEINES LEBENS BESTEHT

Wissenschaftliche Studien des US Health Research Institute haben nachgewiesen, dass Menschen sich glücklicher fühlen, wenn sie wissen, worin der Sinn ihres Lebens besteht.

Sinn bedeutet Ziel und Zweck. Etwas ist sinnvoll, wenn es einem Ziel dient oder einen Zweck erfüllt. Mein Leben hat einen Sinn, wenn das, was ich tue, einen Bezug hat, etwas zum Ganzen beiträgt.

Sinn vermittelt mir das Gefühl, dass ich – ganz gleich, wie groß oder klein mein Beitrag ist – gebraucht werde, dass ich einen Platz habe, dass es einen Unterschied macht, ob ich da bin oder nicht. Ein Ziegelstein für sich allein hat keinen Sinn. Aber als Teil von einem Haus hat er Sinn, denn da steht er mit anderen Ziegelsteinen für ein größeres Ganzes.

Das Leben an sich ist weder sinnvoll noch sinnlos. Das Leben ist jedoch eine Gelegenheit. Von mir hängt es ab, was ich aus meinem Leben mache. Leben ist auf diese Weise eine kreative Herausforderung.
Ich muss den Sinn meines Lebens selbst erarbeiten, ihn entdecken, ihn formulieren. Und das ist gut so, denn sonst wäre das Leben keine Herausforderung. Alles wäre schon fertig.

Es gilt also, für mich herauszufinden, welche Aufgaben ich auf dieser Welt habe und welche Talente ich dafür besitze. Denn jede Gabe ist auch eine Aufgabe.
Ich habe im Laufe der Zeit für mich entdeckt, dass es der Sinn meines Lebens ist, andere Menschen darin zu unterstützen, jeweils

ihren eigenen Weg zu einem erfüllten Leben zu finden.

Deshalb habe ich dieses Buch geschrieben. Jede noch so kleine Veränderung hin zum Besseren, die jemand daraufhin macht, erfüllt mich mit Freude.

Um es mit den Worten von Hermann Hesse noch einmal zusammenzufassen: „Das Leben hat genau soviel Sinn, wie ich ihm gebe!"